AF101150

This Notebook Belongs To

____

www.ingramcontent.com/pod-product-compliance
Lightning Source LLC
LaVergne TN
LVHW060209080526
838202LV00052B/4213
* 9 7 8 8 0 7 5 2 1 3 9 1 4 *